BEI GRIN MACHT SICH IHR
WISSEN BEZAHLT

Rebecca Schwarz

Natur und Naturwahrnehmung im Mittelalter und in der mittelalterlichen Literatur

GRIN Verlag

Bibliografische Information der Deutschen Nationalbibliothek:

Die Deutsche Bibliothek verzeichnet diese Publikation in der Deutschen National-
bibliografie; detaillierte bibliografische Daten sind im Internet über http://dnb.d-
nb.de/ abrufbar.

Impressum:

Copyright © 2013 GRIN Verlag, Open Publishing GmbH
Druck und Bindung: Books on Demand GmbH, Norderstedt Germany
ISBN: 978-3-668-00500-6

Dieses Buch bei GRIN:

http://www.grin.com/de/e-book/301818/natur-und-naturwahrnehmung-im-mittel-
alter-und-in-der-mittelalterlichen

Natur und Naturwahrnehmung im Mittelalter und in der mittelalterlichen Literatur

Literaturempfehlung:

Peter Dilg: Natur im Mittelalter

Andreas Speer: Die entdeckte Natur

Dieter Groh: Schöpfung im Widerspruch

Edward Grant: Das physikalische Weltbild des Mittelalters

Ruprecht Paqué: Das Pariser Nominalistenstatut

Dieter Groh: Schöpfung im Widerspruch. Deutung der Natur und des Menschen von der Genesis bis zur Reformation.

Krause: Verstummte Natur

Ulrich Kittstein: Deutsche Naturlyrik. Ihre Geschichte in Einzelanalysen.

Krause und Scheck: Natur, Räume, Landschaften. 2. nationales Symposium.

Lullus: Felix oder das Buch der Wunder

Zur Jagd: Hans Werner Götze: Jagd im Mittelalter / Die Jagd als Lebensform und höfisches spil

Thomas Cramer: Über Perspektive in Texten des 13. Jahrhunderts

Claude Levi Strauss: Orientierungslosigkeit in der Natur

Mitschrieb der Vorlesung:

05.12.2012

Einerseits "**Das Lesen im Buch der Natur**" als ein Zugang, um die Natur verstehen zu wollen. Andererseits auch der **Ordo-Gedanken**, das Gesetztes- und Ordnungsdenken des Mittelalters, als ein weiterer Zugang zur Natur.. Weiterhin Zugang zur Natur durch **deometricos**, der geometrischen Methode, mit der man sich der Natur annähern wollte und schließlich die **machina mundi Metapher,** die Vorstellung von der Welt als eine Maschine.

Im Mittelalter herrschte die Vorstellung, dass man in der Natur zu lesen vermag, wie in einem Buch: Im Mittelalter hat sich eine bezüglich der heiligen Schrift höchst subtile und differenzierte Interpretationskunst entwickelt, die zunehmend auf die Natur übertragen wurde. Die hermeneutische Methode des Mittelalters hat den Vierfachen Schriftsinn entwickelt. Als erstes den **sensus historicus,** mit diesem werden die historischen Fakten einer Sache wiedergegeben und damit soll die historische Wahrheit rekonstruiert werden. Zweitens den **sensus allegoricus,** dieser hat auch andere Bezeichnung, der die Geschichte mit Blick auf Gott und den hinter den offenkundig sichtbaren Dingen liegenden verborgenen Sinn interpretiert. Drittens den **sensus tropologicus,** der sich auf das Wort bezieht, das Gott an den Menschen richtet und das ihn zur Umkehr auffordert. Viertens den **sensus anagogicus,** der sich auf den zukünftigen Aufstieg und der verheißenen Gemeinschaft des Menschen mit Gott richtet. Dies sind im Mittelalter die vier Möglichkeiten, mit denen im Mittelalter die Heilige Schrift gelesen und verstehen werden kann.

Diese werden nun auch auf die Natur angewendet. Bischof **Isidor von Sevilla** geht davon aus, dass Gott im Schöpfungsakt den Dingen ihren einzigen und damit auch ihren wahren Namen gegeben hat. Über die Bedeutung des **Worts** könne man somit auch zur **Bedeutung des Dings** gelangen. Isidor ist im Mittelalter die Hauptautorität gewesen, wenn es um die Unterrichtung mit den Dingen in der Natur und ihrer Bedeutung ging. Isidor überhöht in einem anderen Werk, den natur rerum, seine zunächst sachliche Darstellung von Naturereignissen mittels einer symbolisch **allegorischen Deutung** mit Blick auf Gott und den hinter den offenkundig hinter den Dingen liegenden Sinn. Neben der **historischen Interpretation** wird bei ihm diese Art der Auslegung zum Schlüssel der Naturdeutung.

Eine weitere Autorität: **Hrabanus Maurus** mit seinem Werk de universo. In diesem findet sich eine sowohl historische und allegorische Darstellungsweisen zur Erklärung der Natur, ähnlich wie bei Isidor. Dieses Werk umfasst 22 Bände und ist ebenfalls eine Enzyklopädie. Ziel dieser war die Darstellung der gesamten Wirklichkeit der sichtbaren und der unsichtbaren Welt. In den Bänden findet sich nicht nur die Bedeutung der Wörter und Eigenschaften der Dinge sondern vielmehr auch deren **mystische Bedeutung** im Rahmen einer auf den Verfahren des **mehrfachen Schriftsinn beruhenden Bibelexedese**. De universo gilt als eine Handreichung für biblische Hermeneutik.

Hildegard von Bingen: Nonne, die sich mit Herstellung von Medikamenten auf der Basis von Kräutern befasst. Sie war ebenso eine bedeutende Mystikern, Visionären und eine Naturphilosophin. Ihre bedeutendste naturphilosophische Schrift ist das Liber Divinorum Operum.

Das Lesen im Buch der Natur scheint auf den ersten Blick nicht auf eine irgendeine empirische oder sonstwie sachlich bezogene Gründung der Natur hinzuweisen. Dennoch ist dieser Parallelismus von Bibel und Natur insofern aufschlussreich, weil damit nicht nur eine Aufwertung der Natur stattfindet, sondern dies auch einen für das Mittelalter typischen Empirismus mit sich bringt. Die Naturerfahrung wird nun als die zweite autonome Quelle der Gotteserfahrung neben der Heiligen Schrift anerkannt. Es genügt nicht, sich bei der Erklärung der Naturphänomene ausschließlich auf Gott als die erste Ursache zu berufen. **Wilhelm von Conches** kritisiert eine solche Haltung. Er fordert, dass zuerst die Naturerfahrung als die nächste Ursache betrachtet werden muss. Etwas später wird der am Empiriker Aristoteles geschulte Thomas von Aquinn sagen, dass derjenige, der Naturwissenschaft ohne jede Berücksichtigung der Sinneswahrnehmung betreibe, damit einen Fehler begehe. Er beruft sich auf Sinneseindrücke als Erfahrungsquelle: Dadurch bahn sich eine empirisch gesicherte **interpretatio naturae** an, die mehr und mehr an die Stelle einer rein spekulativen Betrachtung tritt.

Ein weiteres Argument, das Lesen im Buch der Natur noch in einer anderen Hinsicht als Erfahrung anzusehen, durch das empirische Wahrnehmung mehr berücksichtigt beziehungsweise angeregt wurden: Das **Lesen im Buch der Natur** verlangt mehr als bloße Betrachtung und Beachtung sondern auch das verstehen, es ist stets auch **Schriftdeutung** und zielt auf das **Herstellen von Sinn** ab. Das Verstehen erfüllt sich erst mit der Deutung der Schriftzeichen. Ohne eine **Deutung** bleiben die Zeichen unleserlich. Der Bezug zwischen Zeichen und einen in ihnen angelegten Sinn stellt sich nicht von selbst heraus, sondern es bedarf der **Betrachtung und der Deutung**.

Der **Ordo-Gedanke** bestimmte nicht nur den Kosmos in Aufbau und Bewegung sondern prägte überhaupt das gesamte Leben und Denken des Mittelalters bis hinein in die Konzeption des Staats, der Hierarchie der Kirche, der Ständeordnung oder auch der sozialen Gestaltung der Familie sowie vieles andere mehr. Mit dem allpräsenten Ordnungsgedanken verbindet sich auch eine streng hierarchische Gliederung der Welt. Seine Herkunft hat dieses Denken in der christlichen Überzeugung von der **triadischen Einteilung des Seins**, der göttlichen, menschlichen und der natürlichen Sphäre. Diese letzte Sphäre lässt sich weiter in Tiere, Pflanzen, Materie und so weiter untergliedern. Eine andere Traditionslinie dieses Denkens reicht in die griechische Philosophie zurück: Die platonische Seinshierarchie. Diese hat Plato in seinem **timaios** begründet, seinem Liniengleichnis. Die christliche Deutung des Gedankens, dass der persönliche Gott an die höchste Stelle der Hierarchie tritt, kommt im Mittelalter auf. Durch diese Umdeutung wird aus dem nicht-allmächtigen Handwerkergott, dem wir bei Platon begegnen, **omnipotente christliche Schöpfergott**. Dieser braucht anders als der Gott Platons keine externen Ideen mehr. Er erschafft die Welt nach völlig eigenen Gedanken und Plänen. Aus den externen Gedanken bei Platon werden nunmehr christlich die internen Gedanken Gottes. Der Mensch vermag aufgrund seiner Nähe zu Gott die **göttlichen Gedanken** in seinem eigenen Geist **nachzudenken**. Auf diese Weise – der so genannten **participatio**, der Anteilnahme am göttlichen Wesen – vermag der Mensch auch den **ordonaturae** zu erkennen. Dies ist eine erstaunliche **Umdeutung des ideentheoretischen Ansatzes** Platons

Die **Geometrische Methode** ergibt sich aus den mittelalterlichen Positionen in der Betrachtung, der Wahrnehmung und Deutung der Natur. Es ist ein Begriff aus der Philosophie des 17. Jahrhunderts. Grundlagen hierfür haben mit dem Einfluss des antiken Mathematikers Euklid zu tun. Durch die Verwendung rationaler Ableitungen auf mathematischer Basis ergibt sich ein Zugang zur der im Mittelalter und noch bis ins 18. Jahrhundert hinein viel zitierten Bibelstelle im Buch der Weisheit 11,21: Du hast alles geordnet, nach Maß, Zahl und Gewicht. Das Verfahren der Lektüre wird dadurch präzisiert, dass die **Schriftzeichen der Natur mit mathematischen Symbolen identifiziert** werden und ihr **Sinnbezug durch mathematische Regeln und Gesetzte** festgelegt werden. Die Vorstellung der **Geometrisierbarkeit der Natur** legt nun eine weitere Leitidee nahe: Die Vorstellung **der Natur als machina mundi**! Einigen lateinischen Schriftstellern und Kirchenvätern war dieser Terminus nicht unbekannt (Lukretz und Gregor von Nizza). Richtungsgebend für das Mittelalter war die Übersetzung des platonischen timaios. Bei Platon finden wir hier den Ausdruck totu cosmu soma: herrlich ist diese sichtbare maschine.

09.01.2013

Darstellung der Natur bzw. Naturhafter Elemente in mittelalterlicher Dichtung.

Die hermeneutischen Widerstände ergeben sich zunächst aus der Verwendung des Terminus Natur selbst. In diesem so elementar anmuteten Terminus Natur/Physis etwas Allgemeines zu sehen, dass kein Anlass zu erkennen gibt, ist eigens zu problematisieren. Zumal mittelalterliche Naturlieder dem Rezipienten in einer vertrauten und unkomplizierten Weise entgegentreten, dass jede theoretische Betrachtung unangebracht und anstrengend zu sein scheint. Mittelalterliche Naturdichtung ist bestimmten theoretischen Konzepten oder auch Weltbildern, wie sie von der Antike und christlichen Denkern entworfen wurden, sehr wohl verbunden: zum Beispiel die Natur als Heilige, die Natur als Richtmaß für das moralisch ethische und praktische Handeln des Staates oder Natur als Kosmos, innerhalb dessen der Mensch der Mikrokosmos darstellt. Die Naturdichtung selbst hat eine lange Geschichte, die bis in die Anfänge der europäischen Literatur zurückreicht. Sie setzt bereits in Homers Odysee mit der Darstellung des Gartens des Alkinoos ein.

Theokrit war der Begründer oder auch Hauptvertreter der sogenannten Bukodischen Poesie, der Schäferdichtung der Griechen. Von ihm stammt die eidyllia, die auch das Mittelalter noch kennt. Die Bukodik ist eine eher humorvoll gehaltene und philosophisch anspruchsvolle Dichtung. Sie schafft eine ideale aber auch künstlich anmutende Welt, die von Hirten und Schäfern besiedelt ist. Es kam zu einem dramatischen Wandel der Naturauffassung, die das Verständnis dessen, was heute als Natur – und auch wie Natur angesehen wird –

grundlegend veränderten. Zudem kam es zu einem Wandel in den ästhetischen Verhältnissetzungen des Menschen mit der Natur.

Stimmen denn unsere literaturästhetisch herausgebildeten Kategorien und Kriterien, die primär solche der Moderne sind, eigentlich in Blick auf das Mittelalter und in Bezug auf die Deutung, das Verstehen mittelalterliche Dichtung? Sind diese Kategorien dort tauglich, wo von Naturschönem gesprochen wird oder dem Naturgefühl? Oder, wenn von der hässlichen Natur die Rede ist? Stimmen unsere Kategorien aus dem 17.und insbesondere dem 18. Jahrhundert? Sie stimmen nur bedingt! Ein Blick in das historische Wörterbuch der Philosophie lässt unter dem Lemma „Naturschönes2 und „Kunstschönes" Einlassungen zum Mittelalter merkwürdigerweise völlig außer Acht! Es gibt keine Einlassung in diesem Artikel zu solchen Fragen im Mittelalter aus dem Verständnis heraus, dass es im Mittelalter keine eigene Naturästhetik gegeben habe, es keine wissenschaftliche Formen der Erschließung des Naturschönen gegeben habe. Behandelt aber werden Immanuel Kant, mit seiner Kritik der Urteilskraft. In dieser schreibt er, wenn er vom Gefühl des Schönen schreibt, folgendes: Das Gefühl für das Schöne werde durch die Natur gerührt. Die Natur mutet in irgendeiner Art und Weise subjektiv an, zum Beispiel durch, wie Kant sagt, Täler mit schlängelnden Bächen und blumenbedeckte Wiesen. Ebenso wird Gottsched erwähnt sowie Johann Jakob Breitinger. Auch Johann Gottfried Herder, der sich auch ausdrücklich zum Naturschönen geäußert hat und sich mit Entschiedenheit gegen die kantischen Überlegungen gestellt hat. Schiller und selbstredend auch Goethe tauchen in dem Artikel auf. Außerdem Hegel, Schelling, Schleiermacher, Karl Rosenkranz (Schüler von Hegel, der die erste Ästhetik des Hässlichen vorgelegt hat). Indes verliert das Wörterbuch nicht einen Satz über das Mittelalter, als hätte diese Epoche eine Vorstellung des Naturschönen nicht gekannt.

Wie steht es weiterhin mit eher subjektiv gestimmten, rein individuellen Erfahrungsformen, mit denen man an die Natur heran tritt, des Naturschönen im Besonderen? Die Auseinandersetzungen nehmen ihren Ausgang von Kants Ausführung des Begriffs, die Kunst und das Naturschöne lassen sich nur durch subjektive Anmutung begreifen, beruhen bei Kant auf Geschmacksurteil. Kant sieht sowohl die Kunst als auch die Natur aus der Subjektivität. Dafür hat er den Begriff des Geschmacks als das subjektive Prinzip der Urteilskraft überhaupt bestimmt. Kant bestreitet die Möglichkeit der Wissenschaft des Schönen, dies ist nur eine

Kritik des Geschmacks. Bei der Unterscheidung, ob schön oder nicht, fällen wir nach Kant kein Erkenntnisurteil sondern wir fällen ein Geschmacksurteil. Das Gefühl der Lust oder Unlust bezeichnet nichts am Objekt sondern im Subjekt. Herder bringt dagegen auf, dass Geschmack historisch wandelbar ist.

Kannte das Mittelalter, der mittelalterliche Mensch überhaupt so etwas wie Naturgefühl? War die Natur egal?

Das subjektive Empfinden im Angesicht der Natur: Georg Stockmeier behauptet, dass die mittelalterlichen Menschen auch die Schönheit der Blumen erkannten, jedoch die Augen davor verschlossen. Da sie fürchteten ihre Seele durch unnötige Bindung an das Irdische zu vergeuden. Dies erinnert an Petrarca. Beim selben Autor finden wir weitere Bemerkung: Das Mittelalter verspüre keinen leidenschaftlichen Hang zur Natur, da der mittelalterliche Mensch nicht von ihr abgegrenzt war und inmitten der Natur lebte und die Nostalgie entstehe erstmals in den Großstädten der Neuzeit. Das Verhältnis des mittellalterlichen Menschen zur Natur wurde vorwiegend von der Religiosität bestimmt. Gott und die menschliche Seele stellten für jene Epoche, so Stockmeier, einen absoluten Wert dar, während die Natur nur einen relativen Wert besaß. Wenn sie nicht der Erkenntnis Gottes diente, war sie überhaupt wertlos, wenn sie die Annäherung an Gott hemmte, sah man in ihr das Böse, das Erscheinen teuflischer Kräfte. Die Natur wurde in diesem Sinne vereinnahmt aber nicht als subjektiv empfundenes Schönes. Ohne die Fähigkeit des mittelalterlichen Menschen, die Schönheit der Natur zu erkennen, darf nicht vergessen werden, dass diese Natur selbst nicht das eigentliche Ziel seines Vergnügens sein konnte; sie stellte ein Symbol der unsichtbaren Welt dar. Die Betrachtung der irdischen Welt sollte die Welt der Wesen einer anderen, höheren Ebene eröffnen. Diese konnte man nicht unmittelbar erfassen. Der Weg ihrer Erkenntnis verlaufe vom Sichtbaren zum Unsichtbaren.

E.R. Curtins: Europäische Literatur und lateinisches Mittelalter. In diesem Buch hat sich der Autor intensiv mit der Topoi beschäftigt und lässt sich über Naturtopoi aus. Er sagt, dass das Naturgefühl im Mittelalter überhaupt nichts zu suchen habe, dass es dieses gar nicht gab.

Albrecht von Johannsdorf: Sehnsucht (1209). → Frage des lyrischen Ichs nach Minnelohn, vorher kommt es zur Naturschilderung.

Ulrich von Liechtenstein: Sommerfarben ist es nun (KLD 58. XXIX) → ähnliche Farben wie bei Johannsdorf tauchen auf. Es ist eine ähnliche Situation: einführende Naturschilderung und dann ein abrupter Übergang zum Minnedienst.

Heinrich Rockes: Gedanken bey dem Fall der Blätter im Herbst

Diese Lyrik weigert sich geradezu notorisch die Natur anders als topisch anzusehen. Mithilfe eines recht schmalen Inventars rhetorischer Formeln wird die Natur geschildert. Das Mittelalter bedient sich bestimmter Topoi: zu diesen gehört der sogenannte Natureingang. Mit solchen, die insbesondere bei Neidhart vorkommen, beginnen auch unübersehbar die beiden vorher zitierten Lieder und dutzende andere. Diese unterscheiden sich gar nicht sonderlich, es tauchen immer ähnliche Elemente auf. Das ist absolut typisch mittelalterliche Literatur.

Diese Topoi transportieren bestimmte Wahrnehmungsmuster, die sich wohlmöglich zurückführen lassen auf bestimmte philosophisch theologische Weltbilder (Dies ist eine These von Krause!). Es hat sogar den Anschein, als bezöge sich diese Literatur überhaupt nicht auf eine externe Realität, zu der sie sich in einem irgend erkennbares Verhältnis setzte oder setzen wollte. Es wird zwar Natur geschildert, denn es finden sich verschiedene der Natur zugehörige Realien. Jedoch scheint es darauf gar nicht anzukommen. Viel wichtiger ist das Arrangement, die Konfiguration der einzelnen Naturelemente beziehungsweise der Logik ihrer Ordnung. Es handelt sich um eine Vorstellung, ein bestimmtes Bild, eine Imagination der Natur. Albrechts Lied habe in seiner gleichsam pointivistischen Ausschmückung eines Ortes schnell vorangegangene, nacheinander geführte Auflistung des Schönen, die Zusammenstellung einzelner Elemente, die vom lyrischen Ich als Schön bezeichnet werden. Daraus eröffnet sich ein ganzer Kosmos. Die rasch entworfene Stadt, das Feld, die Heide, sind dann ganz einfach schön, ohne dass ihr Charakter durch zusätzliche präzisierende Adjektive weiter verstärkt werden müsste, wie wir das etwa bei Homer finden. Das mag uns auf das Ganze etwas zu dürftig scheinen, als dass man hier in einem berechtigten Sinne von Naturdarstellung sprechen könnte, aber so knapp gibt sich die mittelalterliche Lyrik nicht immer. Die literarischen Naturen der mittelalterlichen Lyrik unterstellen sich einem poetologischen Gestaltungsprinzip, wie es durch Rhetorik und Topologie vorgegeben ist. Es gibt Poetiken der Zeit: Zum Beispiel Matthäus von Vendôme, der eine Poetik verfasst hat, die

Hartmann von Aue verwendet haben könnte. Dort findet sich eine präzise Beschreibung dessen, was in einem Naturtopos vorzukommen habe und was nicht. Und danach richten sich die mittelalterlichen Dichter, wenn sie solche Naturbeschreibungen unternehmen. Denn die Dichter wussten, dass ein Topos so oder so auszusehen habe. Dieses poetologische Gestaltungsprinzip rät ihnen ausdrücklich zur Knappheit und zur Dichte der Darstellung. Die Gedichte sollen nicht überladen oder gar schwülstig sein. Auslandende langatmige Schilderungen, wie sie die Epik zur Genüge kennt, verbieten sich für die Lyrik von selbst. Sie verzichtet auf unnötige scheinende Ausführlichkeit und stellt eine schöne Örtlichkeit förmlich nur hin. Das Gedicht hat knapp konzentriert streng stilisiert zu sein. Das Gedicht ist ein Spiel mit ganz eigenen Regeln.

23.01.13

Das Mittelalter kennt kein eigenes lyrisches Genre Naturlyrik. Die Natur wird in keinem der mittelalterlichen Texte zu einem autonomen Objekt der Dichtung, also ist die Natur für sich selbst niemals Gegenstand einer Dichtung, den man allein und ausschließlich Zuwendung geschenkt hätte. Selbstverständlich fehlt die Natur nicht als Teil eines Motivensembles, wie wir das häufig als Natureingang als Topos gesehen haben oder wie es als kleine Naturelemente, wie etwa dem Blumenkranz, erkennbar wird. Jedoch ist die Natur kein Thema, dem sich ein Autor ausschließlich und detailliert zugewendet hätte, dies kommt erst später, etwa bei Neidhart oder Oswald von Wolkenstein. Bei diesem gibt es einen unglaublichen Detailreichtum. Bei solchen Naturelementen wie dem Blumenkranz (Walther von der Vogelweide), wendet sich der Autor danach wieder einem anderen Thema zu.

Definition von Naturlyrik: Das Sachwörterbuch von Wilpert ist hier wohl meinungsbildend gewesen. Bei Wilpert lesen wir: Naturlyrik, das sei die stoffbestimmte Sammelbezeichnung für alle Formen der Lyrik, deren Zentralmotiv Naturerscheinungen, wie zum Beispiel Landschaft, Wetter, Tier- und Pflanzenwelt, sind und die nun auf dem Erlebnis der Natur aufbauen. Neben Wilpert nennt als Beispiel Goethe und Eichendorff sowie Britting, Lehmann oder Günther Eich. Es gibt noch zahlreiche andere Definitionen von Naturlyrik. Wilpert meint, dass die Natur das zentrale Motiv und Objekt eines subjektiven Erlebens zu sein habe, wie zum Beispiel in Goethes berühmten Mailied.

Das Reallexikon schreibt über Erlebnislyrik: Es handle sich um die Form einer Lyrik, die tatsächlich ein individuelles Erlebnis des Autors ausdrückt (dies ist die ältere Variante des Begriffs) oder die Fiktion eines solchen Erlebnisausbruchs aufbaut (dies sei die neuere Variante). Es handle sich um eine bestimmte Lyrikform der Goethezeit und des 19. Jahrhunderts, in denen ein Ich sich auf zumindest scheinbar individuelle Weise über eigene Zuständigkeit in einer mehr oder weniger spezifizierten Umwelt auf eine Weise äußert, dass der Eindruck eines biographisch psychischen Substrats entsteht. Dass der Erlebnislyrik zugrundeliegende Erlebnis ist im wesentlichen mit individueller Subjektivität verknüpft, es setzt diese voraus. Diese Form der Lyrik erfährt im Reallexikon eine historische Begrenzung auf den Zeitraum nach 1750/70, tatsächlich dominierte sie zur Goethezeit.

Im Mittelalter ist die Funktion von Naturelementen beziehungsweise der Natur, offenbar vornehmlich den szenischen Hintergrund für ein Geschehen zu bilden, vor dem räumlich wie vor einer Art Kulisse sich eine Handlung entwickelt. Schließlich ist auch bei Walther die Natur nur primär ein schöner Ort im Sinne des topischen Instrumentariums. Es wird in der mittelalterlichen Lyrik kein literarisches Subjekt geschildert, dass nur um der Schönheit, Stille, dem Liebreiz und der Betrachtung der Landschaft willen sich intentional in einen solchen Naturraum begeben würde. Die Form der Flucht aus dem Studierzimmer, wie zum Beispiel bei Goethe, der Anlass in die Natur zu gesehen als Form des Zivilisationsüberdrusses, der Enge des Zimmers zu entfliehen und in der Natur Freiheit zu erfahren, diese Vorstellung ist dem Mittelalter fremd. Augenscheinlich ist es bei de Schiller, einem Schüler Kants, ein Zivilisationsüberdruss, der das lyrische Ich in den dezidierten Gegenraum und in die angenehme Natur fliehen lässt, was in mittelalterlichen Liedern völlig undenkbar wäre und mit dazu beiträgt, nicht explizit von einem mittelalterlichen Genre Naturlyrik sprechen zu dürfen. Lediglich als Minimaldefinition kommt dies auf, sofern in einem Gedicht Naturelemente vorhanden sind.

In welchen Zusammenhängen wird die Natur nun im Mittelalter als Ganzes geschildert un in welchem Kontext und zu welchen Zwecken wird die Natur funktional gesehen? Wir haben nun den Natureingang kennengelernt, er findet sich häufig schon früh zum Beispiel bei Dietmar von Aist. Es dürfte müßig sein, sämtliche mittelalterlichen Lieder, die naturhafte Elemente benennen oder andeuten, gattungstypisch zu untersuchen, wie sie in eine Ordnung zu bringen wäre. Tauglicher dürfte es sein, die Kontexte in den Liedern näher zu betrachten, d.h. Sich der Frage zuzuwenden, in welchem beobachtbaren Zusammenhängen die Naturelemente aufscheinen und in welcher Weise sie konstitutiv für die Aussage der Lieder sind. Zur Forschungssituation lässt sich sagen, dass in den 70er Jahren die letzte umfangreiche Untersuchung stattgefunden hat, dies war jedoch keine systematische Auseinandersetzungen mit der Natur in der Dichtung im Mittelalter.

Im Mittelalter gibt es folgende Kontexte, in denen die Natur eine größere oder kleinere Rolle spielt: Der Natureingang als rhetorisches Verfahren. Der Dichter arrangiert hier die Landschaft wie ein Bühnenbild, das aus einem Requisitenfond eine Theaterkulisse aufbaut und einzelne Versatzstücke verwendet, bevor danach die Handlung einsetzt, die nunmehr vor dieser Kulisse stattfindet. Wobei nicht immer erkennbar ist, inwiefern die Natur weiter für dieses Geschehen konstitutiv und sinnstiftend ist. Immerhin aber liegt der Ort einer Begegnung hier, wie der, der das lyrische Ich bei Johanssdorff entwirft, erkennbar außerhalb des Raumes des Gesellschaftlichen, des Hofes und seiner wohlmöglich als Beschränkung erfahrenen Normen und Regeln. Es ist eine räumliche Trennung von Hof und Nator. Die Natur fungiert hier als Freiraum, in dem die strengen Regeln am Hof zwar nicht außer Kraft gesetzt, aber wenigstens nicht vordergründig sind. Die Natur ist ein Ort, wo das strenge Reglement der Minne sich der Beobachtung entziehen kann (These von Krause!).

Zusätzliche Verwicklungen: Weitere Kontextualisierung: Der Konex von Natur und Liebe beziehungsweise Sexualität wird im Lied Walthers deutlich, ebenso auch episch im Jagdausflug von Dido und Eneas oder in einem Lied Burckhardts von Hohenfels.

Natureingang bei Burckhartd: Der Dichter war ein Gelehrter, er nennt nicht die üblichen Frühjahrsphänomene sondern deutete diese erst am Schluss an. Vielmehr werden in diesem Lied die Prinzipien der natura naturans (natura genetrix → die ständig schaffende Natur, selbst als weiblicher Leib, der im Frühjahr zu schwellen beginnt durch seine Fruchtbarkeit und das wird dann in Bezug auf die menschliche Begegnung übertragen), das Schema der vier Elemente. In deutlicher Weiße wird der Zusammenhang von Natur/Naturgeschehen und der Liebe/Sexualität hergestellt. Natur als causa amoris: Die Moderne verbindet die Erfahrung an und in der Natur mit einem besonderen psychischen, emotionalen

Beteildigtsein des Subjekts. Die Wahrnehmungen und Empfindungen sind miteinander verbunden.

Für die Moderne ist die Natur als Landschaft ein Phänomen insofern, als dass es zur Spiegelung physischer Stimmung kommt. So vermag der Betrachter, die Landschaft wie eine Projektion des subjektiven Empfindens anzusehen, und umgekehrt kann sie im Betrachter ein bestimmtes Empfinden hervorrufen. Naturfreude taucht im Mittelalter kaum auf, sie ist nur selten zu spüren, auch da, wo sie sich andeutet scheint auch sie zumindest in der Lyrik der Blütezeit topisch zurückgenommen, verhalten und äußerst diszipliniert zu sein. Häufig ist zwar von Freude angesichts der Natur die Rede, jedoch sind die Naturräume der mittelalterlichen Lyrik gewissermaßen poetische und poetisierte Räume, nicht etwa solche, von denen man individuelle Wirklichkeiten erwarten könnte. Sie schildern und deuten die Natur nur schematisch als Skizze an, es ist eine eigentümliche Vorstellung der Natur. Die Natur könnte hier auch anders sein, denn der Raum der Künstler ist unter Ausschaltung der anderen Räume geschafften worden, das aber beweist nicht, dass diese nicht ebenso wirklich sind. Sie sind sozusagen eine Art Dekor. Und dabei sind sie vor allem der poetologischen Pflicht unterstellt, die an eine gelingende Vermittlung von Form und Materie gerichtet ist. Doch ist das Naturgefühl schon so weit diszipliniert, dass sie sich nicht zu etwas hinreissen lässt, zum Beispiel der Begeisterung im Angesicht der Natur. Die Naturräume sind eine Konstruktion einer bestimmten Vorstellung, der höfischen Vorstellung, die keine Wirklichkeiten abbildet, sondern die Vorstellung einer absolut disziplinierten Natur, die sich in diesem hoch disziplinierten Arrangement darstellt. Die Natur ist im Minnesang zu einem gesellschaftlichen Raum geworden. Einem Raum, der der Repräsentation höfischen Denkens, Gesinnung, Ästhetik und Kultur dient. Nicht aber ist sie Ausdruck eines Erlebnisses, das im empathischen, leidenschaftlich expressiven Wendungen seine entsprechende Darstellung suchte. Die Natur im Mittelalter zumindest folgt dem ausgeklügelten Spiel der Repräsentation seiner kulturellen wie auch streng gehandhabten ästhetischen Regeln. Die höfische Welt hat ihre imaginären Grenzen ausgeweitet und sich ihre eigene Natur geschaffen, wobei deutlich wird, dass der solchermaßen ästhetisch vereinnahmte Naturraum eine erkennbare Grenze hat: den Wald. Jenseits dieser Grenzen beginnt der unhöfische Außenraum. Dort, jenseits der gezähmten Naturkonstruktion, ist eine unhöfische Natur zu finden und auch die unhöfischen Menschen sind dort zu finden, die ze hofe vordringen uns das rechte Singen stören. Bei der altera natura des Mittelalters kann man nur von einer ästhetisch erzeugten Natur sprechen, die nichts mit der wirklichen zu tun haben scheint oder muss. Es ist eine poetisch konstruierte Natur. Dieser Zusammenhang wird bei Frauenlob deutlich. Dieser spricht zwar von Blüte und Lilien prangender Kunstfertigkeit, er bemisst Kunst jedoch im Sinne der imitatio. Dass dies möglich ist hat mit der Disziplinierung der Natur durch die Kunst zu tun.

Tannhäuser: Er klagt, dass er an keinem Hof eine Anstellung hat, da er keine guten Töne singen könne. Wäre er aber am Hof angestellt, dann würde er wieder von den schönen Frauen, der Heide, dem Laub, dem Mai, der Sommerzeit, dem Tanz, dem Schnee usw. singen. Die Natur ist somit eine durch die Ästhetik des Hofes gewissermaßen gekennzeichnete und konstruierte Natur. Nur am Hof vermag Tannhäuser, die Möglichkeiten zu finden, eine Natur im Sinne des Hofes zu besingen. Die Natur ist in der Literatur ein mittelalterliches Konstrukt der höfischen Gesellschaft. Sie ist ein Konstrukt einer eigenen spezifischen, gesellschaftlichen höfischen Realität.

06.02.2013

Typische Beispiele für die Natur im Mittelalter sind der Natureingang, Szenenhaftigkeit und der locus amoenus. Die Natur, jedenfalls soweit sie in der Lyrik aufscheint, wird zu einem gesellschaftlichen Raum, der von den Ansprüchen und der Repräsentation höfischen Denkens, der höfischen Gesinnung und Ästhetik geprägt ist.

Die Natur wird erst in der Neuzeit Ausdruck eines bedeutsamen individuellen Ereignisses, welches in empathischen oder leidenschaftlichen expressiven Wendungen endet.

Der Hof, die höfische Welt, so scheint es, haben ihre Grenzen ausgeweitet, sich gleichsam ihre eigene Natur geschaffen, wobei indes deutlich wird, dass der solchermaßen literarisch ästhetisch vereinnahmte Naturraum seine erkennbaren Schranken hat, solche, an die der faktische Ausgriff an die Wirklichkeit durchweg stößt. Innerhalb dieser Grenzen, in der die höfische Gesellschaft ganz bei sich ist, sich zu bewegen weiß, jenseits dieser Grenzen beginnt der unhöfische Außenraum, in dem noch nicht faktisch in den Griff genommene Natur die

Wirksamkeit höfischen Verhaltens und höfischer Spielregeln sie durchkreuzen oder konterkarieren.

Feld

Hof <--- | ---> Wald

Es ist eine Fremdheit der beiden Welten, die so unverbunden gegeneinander stehen, die höfisch zivilisierte und die kulturell anspruchsvolle Welt. Jenseits des Feldes befindet sich der Wald, der in der Regel als dunkel beschrieben wird, oder im Tristan auch der wueste wald ist. Die Wege dort sind eng und überwachsen von Pflanzen und Büschen. Es ist kein Ort, an dem sich zivilisierte Menschen aufhalten sollen, es sei denn der Wald wird als Jagdwald verwendet. Dann frisst sich das höfische System in die Natur hinein.

Im Wald hausen die Gestalten einer Gegen- oder Andernwelt, wie sie genrespezifisch insbesondere die mittelalterliche epische Literatur vorstellt. Aventiuren finden hier im Wald statt. Es gibt wilde Leute, Fabelwesen, fantastische Gestalten und eine Unzahl an Bedrohungen. Wer sich in den Wald begibt, der muss mit Unvorhergesehenem rechnen. Es ist ein sich einlassen auf die Möglichkeit, in einer solchen Aventiure zu Tode zu kommen.

In der mittelalterlichen Literatur handelt es sich um eine altera natura, das heißt eine ästhetisch erzeugte Natur, die gar nicht mit der wirklichen zu tun haben scheint und auch nichts zu tun haben muss. Es ist eine von den idealisierten Vorstellungen des adeligen Hofes her gesehene, konstruierte Natur. Das wird dann auch in der Poetik hervorgehoben. Es geht um die Kürze, Knappheit, die formhafte Stilisierung, ein Verzicht auf die Fülle der Darstellung. Paradigmatisch steht für einen solchen Verzicht der locus amoenus.

Konrad von Winterstetten wird die Dichter dann auch ausdrücklich dazu ermuntern, sich um die Natur und die Stoffe, die sie der Natur anbietet, zu bedienen. Die Materie zu prüfen, damit man sie auch genauer beschreiben kann. Und somit von der Kürze und der verknappten Darstellung abzurücken.

Bei Tannhäuser: Er zeigt die enge Verschränkung höfischer Lebensform und literarischer Ästhetik an. Wäre er am Hof beschäftigt, könnte er sich in diesem außerlesenen Umfeld bewegen, dann hätte er am Hof auch die angemessenen Worte zur Verfügung, die richtige Sprache, um beispielsweise die Natur zu besingen, wie es vom Hof erwartet würde.

Natur, so scheint ist, ist das Konstrukt einer eigenen höfischen, freilich durch und durch poetisierten Realität, zumindest was den Minnesang angeht. Natur, so möchte man sagen, ist gewissermaßen ein Diskurseffekt. Etwas, das man auch für die Minne behaupten kann oder auch für Naturschilderung allgemein. Dies hängt mit den ästhetischen Erwartungen der höfischen Gesellschaft zusammen. Alles, was im Umkreis höfischer Lebensformen von Bedeutung ist, die Natur und materielle Dinge ebenso sowie feste und andere Formen der Repräsentation. Die Schilderung der Natur unterliegt denselben ästhetischen Regeln, wie sie die höfische Gesellschaft innerhalb der höfischen Lebensform lebt.

Wo nicht mehr über Höfisches gesungen wird, da geht die Freude verloren (Walther), wer auf eine nichthöfische Weise den höfischen Gesang stört, der vernichtet auch die Freude.

Konrad von Würzburg: Das mittelalterliche Lehrsystem der septem artes liberales. Wer dies vermag, der verfügt über ein Wissen im trivium, der kann auch beurteilen, ob der höfische Gesang korrekt ist, also den Regeln folgt. Erst die zahlenmäßige Gliederung eines Textes gebe dann an die Hand, wie wir den Text messen können. Die sieben Künste sind das Instrumentarium, mit dem der Dichter den höfischen Diskurs des Singens, auch über die Natur, entsprechen kann.

Die Jahreszeiten und Naturbilder werden als Indikatoren für das subjektive Empfinden eingesetzt. Bei der Imagination eines erlebten Frühlingstages imaginiert das lyrische Ich die Situation. Die Natur ist ein Spiegel, in dem das Ich sich seines besonderen Zustandes inne werden kann. In der poetischen Rede erfährt es sich als Resonanzkörper naturaler Impulse. Die Natur gibt Impulse, um ein bestimmtes Empfinden zu verstärken. Dieser Anreiz macht es möglich, eigene Vorstellungen zu äußern oder zu entwickeln. Bei Walther figurieren Natur und Landschaft als ästhetisch und emotional ansprechende Subjekte, es sind Medien des menschlichen Lebensgefühls, das sie beeinflussen. Hierdurch kann sich der durch den Winter bekümmerte Sänger an der Heide orientieren, denn die Heide schäme sich ihres trostlosen Anblicks durch die Winterzeit. Solche Nachahmungen der Natur setzen die inneren Regungen ebenso wie die erotischen Erwartungen eines Subjekts in Gang, insbesondere die Heide als ein Lustort, die in der Tradition der antiken Rhetorik steht, vor allem als Ort von erotischen Begegnungen jenseits der gesellschaftlichen Konventionen.

Der Wald erscheint als ein Ort der Entbehrung, als ein Ort, der jedoch auch nähren kann, insbesondere durch die Jagd (Kudrun, Parzival). Der Wald ist auch ein Refugium für Eremiten und Asketen. Bei Tristan erscheint der Wald auch als Lustort.

Der poetische oder epische Diskurs verortet die agierenden Personen prinzipiell in Situationen, in denen die Natur zur Anfechtung ritterlicher Identität wird. Fast alle Aventiuren der mittelalterlichen Protagonisten finden im Wald statt. Die Natur wird zur potentiell lebensbedrohlichen Herausforderung. Es ist kein anmutiges Bächlein, keine freudig singende Vögel mehr zu sehen. Der Wald wird jenseits des Hofes zur wüesten wilde, eine Andernwelt, in der die höfisch erprobten Verhaltensweisen nicht mehr genügen und oft genug auch scheitern. Die szenische Darstellung dieser Welt steht für diese Andernwelt als zu überwindende Unordnung. Der Aufenthalt im Wald wird als Höllenfahrt dargestellt. Der Held muss diese Räume besiegen, um nicht in dieser Gegenwelt unterzugehen.

Waltmüede → hapax legomenon

Die höfischen Kleider dienen als Identitätsmerkmal, mit der die Figuren die eigene Identität bestätigen oder rekonstruieren können. Im Parzival dagegen ist es die Zeit: Parzival wird wieder in der Zeit verortet, er wird wieder in die Heilzeit hinein gezogen und somit kann er sich langsam seiner Identität versichern.

Die Natur erscheint einerseits als poetisch, d.h. mit Mitteln und Formen einer in den Poetiken der Zeit vorgegeben sprachlich rhetorischen Disziplinierung, andererseits als Gegenwelt, wie sie in der Epik entfaltet wird. Selbst in der Gegenwelt obsiegt jedoch schließlich die höfische Ordnung. Die natürliche Welt des Äußerhöfischen kann gar nicht gewinnen. Die kulturelle zivilisatorische Ordnung besiegt immer wieder die Unordnung, selbst, wenn sie eine existenzielle Herausforderung/Aventiure der Seele ist.

Die Darstellung natürlicher Räume gehorcht dem Prinzip der Aggregation. Ein Raum wird neben den anderen blockartig gesetzt. Sie folgt nicht der realen, perspektivisch erwartbaren Anordnung von Raumelementen sondern fügt raumgesättigte Wörter aneinander. Statt der

Beschreibung eines Raumes setzt der mittelalterliche Dichter raumgesättigte Wörter ein, die anzeigen, dass nun ein Raum durchschritten wurde. Der Raum rückt so als nicht beschreibender Raum in den Vordergrund.

Landschaften bleiben an jeweiligen Handlungen und Personen gebunden und ändern sich meist ruckartig, wenn es eine Handlung erforderlich macht. Poetische und auch allegorische Landschaften wollen so gedeutet werden. Der Raum mit seinen Eigentümlichkeiten steht gar nicht im Vordergrund.

In der mittelalterlichen Literatur gibt es vor allem Landschaften, die religiöse Dimensionen haben. Es gibt politische und ästhetische Landschaftsauffassungen.

Beispiel Annolied: Natur erscheint hier aus heilsgeschichtlicher Perspektive. Eine Natur, die ihren Vorstellung folgt, der Menschen dagegen erscheint als das Wesen, das die Ordnung der Natur im zerstören ist oder schön zerstört hat. Der Mensch ist somit der Verursacher natürlicher Unordnung.